essentials

essentials liefern aktuelles Wissen in konzentrierter Form. Die Essenz dessen, worauf es als „State-of-the-Art" in der gegenwärtigen Fachdiskussion oder in der Praxis ankommt. *essentials* informieren schnell, unkompliziert und verständlich

- als Einführung in ein aktuelles Thema aus Ihrem Fachgebiet
- als Einstieg in ein für Sie noch unbekanntes Themenfeld
- als Einblick, um zum Thema mitreden zu können

Die Bücher in elektronischer und gedruckter Form bringen das Expertenwissen von Springer-Fachautoren kompakt zur Darstellung. Sie sind besonders für die Nutzung als eBook auf Tablet-PCs, eBook-Readern und Smartphones geeignet. *essentials:* Wissensbausteine aus den Wirtschafts-, Sozial- und Geisteswissenschaften, aus Technik und Naturwissenschaften sowie aus Medizin, Psychologie und Gesundheitsberufen. Von renommierten Autoren aller Springer-Verlagsmarken.

Weitere Bände in der Reihe http://www.springer.com/series/13088

Benjamin Spottke

Digital Customer Experience Management der Plattform Steam

HMD Best Paper Award 2017

Mit einem Geleitwort von
Prof. Dr. Susanne Robra-Bissantz und
Prof. Dr. Christoph Lattemann

Benjamin Spottke
St. Gallen, Schweiz

Das essential ist die überarbeitete Version des Artikels: Spottke, B.: Was Unternehmen von der Videospielindustrie für die Gestaltung der Digital Customer Experience lernen können. HMD – Praxis der Wirtschaftsinformatik 54 (2017), 317, S. 727–740.

ISSN 2197-6708   ISSN 2197-6716   (electronic)
essentials
ISBN 978-3-658-22758-6   ISBN 978-3-658-22759-3   (eBook)
https://doi.org/10.1007/978-3-658-22759-3

Die Deutsche Nationalbibliothek verzeichnet diese Publikation in der Deutschen Nationalbibliografie; detaillierte bibliografische Daten sind im Internet über http://dnb.d-nb.de abrufbar.

Springer Vieweg

Gedruckt auf säurefreiem und chlorfrei gebleichtem Papier

Springer Vieweg ist ein Imprint der eingetragenen Gesellschaft Springer Fachmedien Wiesbaden GmbH und ist ein Teil von Springer Nature
Die Anschrift der Gesellschaft ist: Abraham-Lincoln-Str. 46, 65189 Wiesbaden, Germany

Was Sie in diesem *essential* finden können

- Vorstellung eines Frameworks um die Digital Customer Experiences auf digitalen Plattformen zu gestalten
- Eine fundierte Analyse der Videospielplattform Steam anhand welcher erfolgreiche Wirkmechanismen der Digital Customer Experience aufgezeigt werden
- Ablkeitung von Handlungsempfehlungen, deren Anwendung in drei traditionellen Branchen illustriert werden

Geleitwort

Der prämierte Beitrag

Um neue Erkenntnisse für die Gestaltung der Digital Customer Experience zu gewinnen, liegt es nahe, Plattformen zu analysieren, die ein digitales Produkt-Dienstleistungsportfolio anbieten und in der Wertschöpfung eng mit Kunden und Drittanbietern zusammenarbeiten.

Neben Amazon, Apple, Facebook und Google, die in ihren Domänen Vorreiter für intelligente Lösungen zur Gestaltung der Digital Customer Experience sind, lassen sich auch wertvolle und zukunftsweisende Erkenntnisse aus verwandten Online-Branchen ableiten. Es ist äußerst lobenswert, dass Herr Spottke genau diesen interdisziplinären und domänenübergreifenden Ansatz in seinem Beitrag verfolgt, um über den branchenspezifischen Tellerrand hinauszublicken.

Die vom Autor verwendete Fallstudie aus der agilen und dynamischen Spieleindustrie bietet hier ausgezeichnete Ansatzpunkte, praxisrelevante Probleme zu lösen und zugleich vom konkreten Fall abstrahierbare Erkenntnisse für die Wissenschaft abzuleiten. Konkret analysiert Herr Spottke in seinem Fallbeispiel, welche Ansätze der Spieleplattform Steam in der Gestaltung der Digital Customer Experience von anderen Branchen und Unternehmen adaptierbar sind.

Herr Spottke identifiziert drei Ebenen, die bei einer positiven Gestaltung der Digital Customer Experience grundsätzlich zu betrachten sind: 1) „Service und Serviceportfolio", 2) „Technologie" und 3) „soziale Strukturen". Für diese drei Ebenen leitet Herr Spottke neun allgemeine Handlungsempfehlungen zur Gestaltung der digitalen Customer Experience für Unternehmen ab, illustriert und diskutiert diese anhand von Beispielen in der Automobilbranche, bei TV-Streaminganbietern und anhand einer Plattform für Autoreparaturen. Diese Darstellung ist unmittelbar verständlich und ermöglicht eine intuitive Anwendbarkeit auf andere Fälle.

Dem prämierten Beitragsautor ist dafür zu danken, dass er mit seiner Abhandlung aufzeigt, was Wissenschaft für die Praxis leisten kann und welchen wichtigen Beitrag eine domänenübergreifende Forschung beinhaltet. Der Beitrag richtet sich an eine breite Zielgruppe der HMD. Hierzu gehören verantwortliche Entscheider in IT-Service-Entwicklung und -Design sowie IT-Strategen, die die Digital Customer Experience ihrer Informationssysteme und digitalen Plattformen bewerten und weiter entwickeln wollen. Für diese Zielgruppen sind die aufgezeigten Handlungsempfehlungen direkt in der Praxis umsetzbar. Auch für den wissenschaftlich orientierten Leser liegt ein Beitrag mit hohem Erkenntnisgrad und einer direkten Nachvollziehbarkeit vor. Die sprachliche Qualität macht Lust auf die Lektüre.

Die HMD – Praxis der Wirtschaftsinformatik und der HMD Best Paper Award

Alle HMD-Beiträge basieren auf einem Transfer wissenschaftlicher Erkenntnisse in die Praxis der Wirtschaftsinformatik. Umfassendere Themenbereiche werden in HMD-Heften aus verschiedenen Blickwinkeln betrachtet, sodass in jedem Heft sowohl Wissenschaftler als auch Praktiker zu einem aktuellen Schwerpunktthema zu Wort kommen. Den verschiedenen Facetten eines Schwerpunktthemas geht ein Grundlagenbeitrag zum State of the Art des Themenbereichs voraus. Damit liefert die HMD IT-Fach- und Führungskräften Lösungsideen für ihre Probleme, zeigt ihnen Umsetzungsmöglichkeiten auf und informiert sie über Neues in der Wirtschaftsinformatik. Studierende und Lehrende der Wirtschaftsinformatik erfahren zudem, welche Themen in der Praxis ihres Faches Herausforderungen darstellen und aktuell diskutiert werden.

Wir wollen unseren Lesern und auch solchen, die HMD noch nicht kennen, mit dem „HMD Best Paper Award" eine kleine Sammlung an Beiträgen an die Hand geben, die wir für besonders lesenswert halten, und den Autoren, denen wir diese Beiträge zu verdanken haben, damit zugleich unsere Anerkennung zeigen. Mit dem „HMD Best Paper Award" werden alljährlich die drei besten Beiträge eines Jahrgangs der Zeitschrift „HMD – Praxis der Wirtschaftsinformatik" gewürdigt. Die Auswahl der Beiträge erfolgt durch das HMD-Herausgebergremium und orientiert sich an folgenden Kriterien:

- Zielgruppenadressierung
- Handlungsorientierung und Nachhaltigkeit
- Originalität und Neuigkeitsgehalt

- Erkennbarer Beitrag zum Erkenntnisfortschritt
- Nachvollziehbarkeit und Überzeugungskraft
- Sprachliche Lesbarkeit und Lebendigkeit

Alle drei prämierten Beiträge haben sich in mehreren Kriterien von den anderen Beiträgen abgesetzt und verdienen daher besondere Aufmerksamkeit. Neben dem Beitrag von Benjamin Spottke wurden ausgezeichnet:

- M. Adelmeyer, Ch. Petrick, F. Teuteberg: IT-Risikomanagement von Cloud-Dienstleistungen im Kontext des IT-Sicherheitsgesetzes. HMD – Praxis der Wirtschaftsinformatik 54 (2017), 313, S. 111–123.
- S. Rohmann, M. Schumann: Best Practices für die Mitarbeiter-Partizipation in der Produktentwicklung. HMD – Praxis der Wirtschaftsinformatik 54 (2017), 316, S. 575–590.

Die HMD ist vor mehr als 50 Jahren erstmals erschienen: Im Oktober 1964 wurde das Grundwerk der ursprünglichen Loseblattsammlung unter dem Namen „Handbuch der maschinellen Datenverarbeitung" ausgeliefert. Seit 1998 lautet der Titel der Zeitschrift unter Beibehaltung des bekannten HMD-Logos „Praxis der Wirtschaftsinformatik", seit Januar 2014 erscheint sie bei Springer Vieweg. Verlag und HMD-Herausgeber haben sich zum Ziel gesetzt, die Qualität von HMD-Heften und -Beiträgen stetig weiter zu verbessern. Jeder Beitrag wird dazu nach Einreichung doppelt begutachtet: Vom zuständigen HMD- oder Gastherausgeber (Herausgebergutachten) und von mindestens einem weiteren Experten, der anonym begutachtet (Blindgutachten). Nach Überarbeitung durch die Beitragsautoren prüft der betreuende Herausgeber die Einhaltung der Gutachtervorgaben und entscheidet auf dieser Basis über Annahme oder Ablehnung.

Braunschweig	Prof. Dr. Susanne Robra-Bissantz
Bremen	Prof. Dr. Christoph Lattemann

Literatur

Spottke B (2007) Was Unternehmen von der Videospielindustrie für die Gestaltung der Digital Customer Experience lernen können. HMD – Praxis der Wirtschaftsinformatik 54(317):727–740

Danksagung

Der Autor dankt dem AXA Research Fund Paris für die Förderung dieser Arbeit im Rahmen des Förderungsprogramms Joint Research Initiative Agile Application Management.

Inhaltsverzeichnis

Einleitung und Motivation 1

Die Gestaltung und das erfolgreiche Management der digitalen Schnittstelle zum Kunden wird zunehmend wertvoller. Kunden und Nutzer richten viel Zeit und Aufmerksamkeit auf digitale Plattformen und zugrunde liegende Informationssysteme (IS), um ihren Alltag zu organisieren, um digitale Inhalte zu konsumieren und um Bedürfnisse nach Spaß und Freude zu befriedigen. Technologieführer wie Amazon, Apple, Facebook und Google, aber insbesondere auch Valve Corporation (nachfolgend Valve) mit seiner Videospielplattform Steam setzen ihre digitalen Plattformen erfolgreich ein, um IS-gestützte Interaktionen zwischen Nutzern, Drittanbietern und weiteren Akteuren zu organisieren (Lusch und Nambisan 2015; Goldbach und Benlian 2015). Der Begriff der *Digital Customer Experience* bezieht sich hierbei auf alle Phasen des Kauf- bzw. Konsumprozesses und bezeichnet die ganzheitliche Erfahrung eines Kunden in den digital gestützten Interaktionen mit einem oder mehreren Anbietern (Verhoef et al. 2009). Obwohl die genannten Unternehmen unterschiedliche Geschäftsmodelle verfolgen, wie die Platzierung von Werbeinhalten, den Verkauf und Verleih von digitalen Produkten und Medien oder das Betreiben von digitalen Marktplätzen, verstehen sie das erfolgreiche Management der Digital Customer Experience als wesentlichen Erfolgstreiber für das eigene Unternehmen (Prahalad und Ramaswamy 2004).

Die Gestaltung der Digital Customer Experience wird für Unternehmen in traditionellen Branchen, wie z. B. der Automobil-, Finanz- oder auch Versicherungswirtschaft vor allem aus drei Gründen relevant: Erstens erfolgen Innovationen heute vor allem auf Ebene digitaler Produkte und Services. Deshalb ist es für Unternehmen wichtig, die digitale Kundenerfahrung als integralen Bestandteil von Produkt- und Serviceinnovation zu verstehen. Zweitens werden im Zuge

© Springer Fachmedien Wiesbaden GmbH, ein Teil von Springer Nature 2018   1
B. Spottke, *Digital Customer Experience Management der Plattform Steam,*
essentials, https://doi.org/10.1007/978-3-658-22759-3_1

der Digitalisierung Kundeninteraktionen stärker durch den Einsatz von Konsumententechnologie geprägt. Dies ist zum einen darauf zurückzuführen, dass sich Kundenerwartungen und -präferenzen und in der Folge auch das Verhalten hin zu digitalen Interaktionen verschiebt. Zum anderen erhöht sich auch die Verfügbarkeit und Durchdringung von Konsumententechnologie im persönlichen Umfeld. Folglich müssen auch etablierte Unternehmen lernen, mit einer Vielzahl von neuen Konsumententechnologie-Konfigurationen auf Kundenseite umzugehen. Drittens werden vermehrt Drittparteien in die Leistungserbringung und Kundeninteraktion eingebunden. Unternehmen werden zukünftig also häufiger die Digital Customer Experience über ein Leistungserbringungsnetzwerk gestalten müssen anstatt sich lediglich auf die eigene Organisation zu konzentrieren.

Die Videospielindustrie geht mit diesen Herausforderungen seit Jahren erfolgreich um. Die digitale Nutzererfahrung geht über das reine Spielen hinaus und umfasst Aktivitäten wie Strategie-Diskussionen in Foren, Streamen von Spiele-Sessions auf YouTube und Twitch, Zusammenschluss in e-Sports-Teams und -Vereinen oder auch die Modifikation bestehender Spieleinhalte durch Fans. Videospieler stellen also eine Kundengruppe dar, die sich bewusst und gewünscht in digitalen sozialen Interaktionen engagiert. Weiterhin gelten Videospieler als besonders technologieaffin, nicht zuletzt da Videospiele regelmäßig hohe Anforderungen an die eigene Hardware stellen. Vor diesem Hintergrund stellt die Videospielindustrie ein geeignetes Umfeld für die Untersuchung der Digital Customer Experience dar.

Das amerikanische Unternehmen Valve ist in der Videospielindustrie führend und hat die Distribution von Videospielen mit der Entwicklung der Plattform *Steam* revolutioniert. Steam ist seit der Gründung im Jahr 2003 zu einer hochprofitablen Community mit über 150 Mio. Spielern herangewachsen (Valve 2016; Forbes 2012). Valve ist nicht nur für seine kundenorientierte Entwicklung der Plattform, sondern auch als ein herausragendes Beispiel für die Gestaltung der Digital Customer Experience in diesem technologisch anspruchsvollen Umfeld bekannt (Wired 2010a).

Vor diesem Hintergrund bietet die Untersuchung von Steam reichhaltige Lernmöglichkeiten für Unternehmen. Dieser Artikel analysiert zum einen die unmittelbare Gestaltung der Digital Customer Experience durch Valve. Zum anderen wird aufgezeigt, wie Drittanbieter (z. B. Spieleentwickler) mit der Steam-Community zusammengeführt werden, um das Plattformangebot besser auf die Bedürfnisse der Kunden abzustimmen. In diesem Sinn können Unternehmen aus anderen Bereichen von der Videospielindustrie über die Gestaltung der Digital Customer

Experience lernen. Nachfolgend wird zunächst Steam als führende Plattform in der Videospielindustrie vorgestellt. Nach Erläuterung der methodischen Vorgehensweise werden die sozialen und technischen Gestaltungsebenen digitaler Plattformen, deren Bedeutung für die Digital Customer Experience, sowie konkrete Handlungsempfehlungen vorgestellt. Anschließend wird die Anwendung der Handlungsempfehlungen in drei anderen Branchen beispielhaft diskutiert.

Steam als führende Plattform der Videospielindustrie

2

Seit der Einführung im Jahr 2003 hat sich Steam als weltweit führende Plattform in der Videospielindustrie etabliert. Drei Akteure sind für Entwicklung und Betrieb der Plattform von besonderer Bedeutung: Konsumenten von Videospielen *(Spieler)*, Valve als Betreiber der Plattform sowie Spieleentwickler bzw. Herausgeber von Videospielen *(Entwickler)*. Spieler installieren den von Valve bereitgestellten kostenlosen Steam-Client *(Client)* auf ihren PCs und erhalten dadurch Zugang zum Steam-Store, der Steam-Community und weiteren Plattform-Services. Mit dem Steam-Client können Spieler neue Spiele einkaufen und in einer persönlichen Spielebibliothek verwalten. Darüber hinaus können sie mit dem Client ihre Spiele starten und konfigurieren sowie weitere Community-Funktionen nutzen. *Spieleentwickler* veröffentlichen ihre Videospiele im Steam Store und können darüber hinaus Valves Application Programming Interfaces (APIs) und Software Development Kits (SDK) nutzen, um in ihren Spielen Community-Funktionen wie Chats oder Matchmaking anzubieten. *Valve* betreibt die digitale Infrastruktur und legt den institutionellen Rahmen für die involvierten Akteure fest. Valve definiert vor allem Governance-Mechanismen (z. B. Richtlinien, Rollenkonzepte, Autorisierungsverfahren und Standards), legt aber auch Preismodelle und Regeln zum Revenue Sharing fest.

Steam hat die Gestaltung der Digital Customer Experience in der Videospielindustrie neu definiert. Über Steam können Entwickler interessierte Spieler einfacher als zuvor aktiv in die Entwicklung neuer Spiele einbinden. Dies ist vor allem Valves konsumentenzentrierter Gestaltung der Digital Customer Experience geschuldet, welche sich konsequent an den Bedürfnissen der Spieler-Community orientiert. Dies führt zu einer hohen Identifikation und Loyalität der Spieler, die ihre Begeisterung für Steam regelmäßig in Diskussionsforen oder Blogs mittteilen. Die Anzahl aktiver Spieler-Accounts hat sich von 15 Mio. Spielern im Jahr

© Springer Fachmedien Wiesbaden GmbH, ein Teil von Springer Nature 2018   5
B. Spottke, *Digital Customer Experience Management der Plattform Steam*,
essentials, https://doi.org/10.1007/978-3-658-22759-3_2

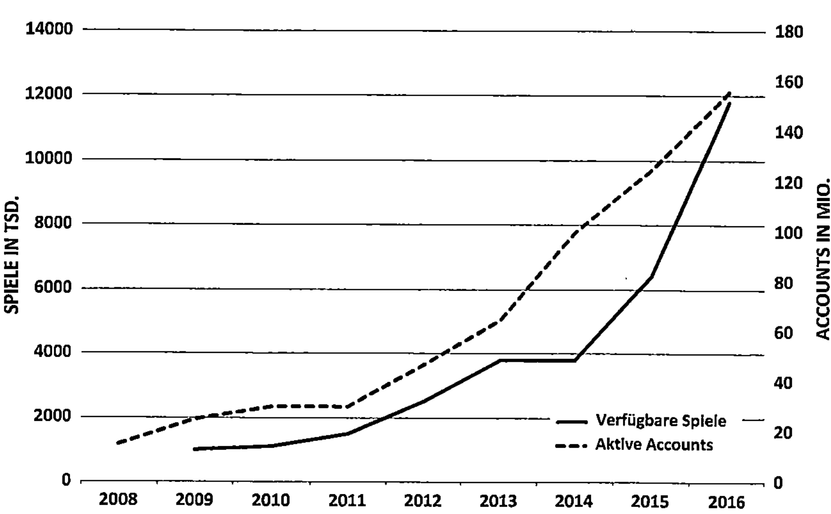

Abb. 2.1 Entwicklung von aktiven Accounts und verfügbaren Spielen auf Steam. (Eigene Darstellung)

2008 auf über 150 Mio. im Jahr 2016 vervielfacht. Ähnlich hat sich das Angebot der auf Steam verfügbaren Spiele entwickelt. So ist die Anzahl der angebotenen Spiele im Zeitraum vom 2009 bis 2016 von 1000 auf über 12.000 angestiegen (vgl. Abb. 2.1). Beide Kennzahlen spiegeln die erfolgreiche Entwicklung der Steam-Plattform wider und sind nach Aussage von Gabe Newell, Gründer und Geschäftsführer von Valve, direkt auf die Einführung von neuen Features und Services der Plattform zurückzuführen (Wired 2010b). Weiterhin wurde festgestellt, dass Valve die Akzeptanz und den Erfolg neuer Funktionen in Bezug auf die Digital Customer Experience regelmäßig misst und bewertet. Valve gestaltet also die Digital Customer Experience auf Steam durch Services und Features. Diese sind Gegenstand der vorliegenden Untersuchung und werden nachfolgend zusammengefasst.

Datenerhebung und Analyse 3

Die Zielsetzung der Arbeit besteht in der Identifikation, Strukturierung und Generalisierung von Gestaltungsaspekten der Digital Customer Experience in der Videospielindustrie. Die vorgestellten Ergebnisse basieren auf einer Analyse der Videospielplattform Steam. Datenerhebung und Analyse folgen der Einzelfallstudienmethodik nach Yin (2013). Im Rahmen der Datenerhebung wurde die Entwicklung von Steam zwischen 2003 und 2016, d. h. die Implementierung von Features und Services sowie die Entwicklung von Nutzerzahlen erfasst. Zudem wurden öffentlich zugängliche Unternehmensinformationen erhoben und Publikationen von Experten in der Spieleindustrie recherchiert. Schließlich wurde ergänzend der Steam-Client installiert und einzelne Features untersucht.

Die Analyse der Gestaltung digitaler Plattformen für die Kundeninteraktion folgt der sozio-technischen Systemtheorie, welche sowohl eine technische als auch eine soziale Perspektive auf Steam ermöglicht. In der sozio-technischen Systemtheorie werden neben den beteiligten Akteuren (z. B. Spieler, Entwickler und Valve) auch die bereitgestellten Services, die eingesetzten Technologien sowie die handlungsleitenden sozialen Strukturen, z. B. Werte und Normen, berücksichtigt (Bostrom und Heinen 1977). Aus der Synthese der zugrunde liegenden wissenschaftlichen Literatur ergeben sich drei Gestaltungsebenen und deren Kernfragen (Bostrom und Heinen 1977; Lyytinen und Newman 2008), die nachfolgend eingeführt und in Bezug auf die Digital Customer Experience vorgestellt werden. Auf Basis dieses theoretischen Rahmens werden anschließend die Ergebnisse der Analyse von Steam präsentiert.

© Springer Fachmedien Wiesbaden GmbH, ein Teil von Springer Nature 2018
B. Spottke, *Digital Customer Experience Management der Plattform Steam,*
essentials, https://doi.org/10.1007/978-3-658-22759-3_3

Gestaltungsebenen digitaler Plattformen und ihre Bedeutung für die Digital Customer Experience bei Steam

4.1 Gestaltung von Services und Serviceportfolio

Die Ebene der *Services* bezieht sich auf die Festlegung des Serviceportfolios sowie die Ausgestaltung der angebotenen Services. Diese Entscheidungen haben unmittelbaren Einfluss auf die Digital Customer Experience und sollten so erfolgen, dass die unterschiedlichen, vielseitigen und veränderlichen Kundenbedürfnisse erfüllt werden. Dementsprechend sind Kernfragen dieser Gestaltungsebene:

- F1: *Welche* digitalen Produkte und Services sollen auf einer Plattform angeboten werden?
- F2: *Wie* sollen digitale Produkte und Services ausgestaltet werden?

In Bezug auf die Digital Customer Experience von Videospielern besteht eine Schwierigkeit in der Zusammenstellung eines attraktiven Spieleportfolios. Eine weitere Herausforderung besteht darin, Spiele so zu entwickeln, dass Spieler eine positive digitale Erfahrung beim Spielen erleben (z. B. durch soziale Anerkennung oder Freude am Spiel).

Dem Paradigma der kundenorientierten Gestaltung der Digital Customer Experience folgend hat Valve hierzu *Steam Greenlight* implementiert. Mit Greenlight können Entwickler Konzepte, Ideen und Vorversionen von Spielen vorstellen und zum Ausprobieren verfügbar machen. Auf diese Weise gewinnen Entwickler Feedback von der Zielgruppe, z. B. durch In-Game Analytics und Spieler-Kommentare, das in der weiteren Ausgestaltung eines Spiels berücksichtigt wird. Beispielsweise enthielt eine Vorversion des Titels „Left 4 Dead – Episode Two" detaillierte Reportingfunktionalitäten um das Gameplay, d. h. einen

© Springer Fachmedien Wiesbaden GmbH, ein Teil von Springer Nature 2018
B. Spottke, *Digital Customer Experience Management der Plattform Steam,*
essentials, https://doi.org/10.1007/978-3-658-22759-3_4

wesentlichen Teil der Digital Customer Experience, besser zu verstehen und beobachtete Probleme bereits während der Spieleentwicklung zu berücksichtigen. Weiterhin wurde mit der Einführung von Greenlight die manuelle und aufwendige Zusammenstellung des Spielekataloges durch Valve durch einen kollektiven Auswahlprozess ersetzt. Spieler konnten nun für die Veröffentlichung eines Spiels stimmen und dadurch direkten Einfluss auf das Angebot der Steam-Plattform nehmen.

Für Entscheider, die mit der Gestaltung der Digital Customer Experience auf Plattformen betraut sind, ergeben sich mehrere Implikationen für die Gestaltung von Services und des Serviceportfolios. Erstens sollten Kunden durch intelligente Mechanismen in die Festlegung des Serviceportfolios eingebunden werden. Hierdurch kann sichergestellt werden, dass sich das Serviceportfolio an tatsächlichen Kundenbedürfnissen orientiert. Zweitens sollten Servicedesign und -entwicklungsprozesse konkrete Kundenpräferenzen erfassen und durch geeignete Feedbackmechanismen eine kundenzentrierte Serviceentwicklung ermöglichen. Zum Beispiel ist es wichtig zu erfassen auf welche Weise bereitgestellte Services oder bestimmte Features tatsächlich genutzt werden, um die Digital Customer Experience in nachfolgenden Entwicklungsphasen näher an den Bedürfnissen bzw. der konkreten Nutzung zu orientieren. Drittens verdeutlicht die Implementierung von Steam Greenlight eine wichtige Aufgabe des Plattformanbieters. Dieser fokussiert im Fallbeispiel auf die Bereitstellung von Mechanismen, welche den Austausch zwischen Konsumenten und Drittparteien fördern, um die Digital Customer Experience sowohl auf Ebene einzelner Services (Spiele), als auch der Plattformnutzung im Allgemeinen (Steam-Plattform) am Kundenbedürfnis zu orientieren.

4.2 Gestaltung der Technologie

Technologie ist ein Enabler für digitale Kundeninteraktionen. Gestaltungsgegenstand der Technologieebene sind deshalb die Hardware- und Softwarekomponenten von Endkunden, des Plattformbetreibers oder von Drittparteien, sofern sie für die Erbringung der angebotenen Services erforderlich sind. Diese Sicht auf Technologie ist für die Digital Customer Experience relevant, da das Zusammenspiel der IT Infrastruktur eines Anbieters mit vielen unterschiedlichen Konsumententechnologie-Konfigurationen ermöglicht werden muss. Vor diesem Hintergrund sind Kernfragen der technologischen Gestaltungsebene:

- *F3:* *Wie* kann Transparenz über die eingesetzte Konsumententechnologie erhöht werden?
- *F4:* *Welche* Mechanismen sind geeignet, um eine Plattform für eine Vielzahl von Konsumententechnologie-Konfigurationen zu öffnen?
- *F5:* *Wie* kann Kompatibilität und Anpassungsfähigkeit der beteiligten technologischen Komponenten – auch langfristig – sichergestellt werden?

Bei Videospielen zeigt sich diese Problematik wenn Kompatibilität mit und zwischen hochgradig individualisierten PC-Konfigurationen von Spielern sichergestellt sein muss, damit diese digital interagieren können. Dies gilt zum einen für die Videospiel-Software selbst, zum anderen ist in Multiplayer-Spielen meist eine digitale Infrastruktur erforderlich, um Spiele zwischen unterschiedlichen Spielern zu koordinieren oder um bestimmte Dienste zentral bereit zu stellen. Dies erfolgt entweder durch einen Plattformbetreiber oder durch Drittparteien und wirft neben der Frage der Kompatibilität auch die Frage der Anpassungsfähigkeit auf sich wandelnde technologische Rahmenbedingungen auf.

Im Kontext von Steam beinhaltet Technologie auf Seite von Valve die Frontend- und Backend-Plattform-Infrastruktur für den Betrieb von Steam. Die Konsumententechnologie der Spieler beinhaltet u. a. den Steam-Client, Videospiele, sowie PCs mit Betriebssystem und Netzwerkinfrastruktur. Valve hat drei Mechanismen bzw. Maßnahmen im Client implementiert, um Anpassungsfähigkeit und Kompatibilität der genannten technologischen Komponenten sicherzustellen: Automatisierte Patches und Updates, die Hardware und Software Survey sowie Client-Software für verschiedene Betriebssysteme. Der Client ermöglicht das voll automatisierte *Patchen und Updaten* per Steam von auf dem PC installierten Spielen. Mit Einführung dieser Funktionalität stellt Valve sicher, dass Konsumenten stets die neueste Version eines Spiels auf ihrem PC installiert haben. Darüber hinaus hat Valve eine *Hardware und Software Survey* im Client implementiert und veröffentlicht eine monatliche Übersicht über eingesetzte Konsumententechnologie (Valve 2016). Hierbei werden detaillierte Informationen beispielsweise zu Betriebssystem, Prozessor, Grafikkarte, Speicher, Monitorauflösung und angeschlossener Hardware sowie Informationen zur Softwarekonfiguration erhoben. Die Teilnahme ist anonym, freiwillig und stellt eine wichtige Brancheninformation in der Videospielindustrie dar. Die Ergebnisse werden nicht nur in Valves Technologieplanung berücksichtigt, sondern informieren auch Spieler und besonders Entwickler, die ihre Spiele auf eingesetzte Technologien bzw. Trends abstimmen können. Nach der Einführung des Steam-Clients für Windows in 2003 hat Valve die *Client Software* sukzessive für Mac OS (2010), Linux (2013) und schließlich auch ein eigenes Linux-basiertes Steam OS veröffentlicht. Durch diese technologische Öffnung der Plattform hat Valve digitale Interaktionsmöglichkeiten mit Kundengruppen erschlossen, die zuvor eine nicht mit Steam kompatible technologische Basis verwendeten.

Die Analyse verdeutlicht, wie wichtig die Berücksichtigung von Konsumententechnologie für die Gestaltung digitaler Interaktionen und damit auch der Digital Customer Experience aus Sicht eines Plattformproviders ist. Hieraus folgen mehrere Implikationen für Entscheider: Auf konzeptioneller Ebene sollten Provider Konsumententechnologie als Ressourcen begreifen, die Kunden aktiv in die Servicenutzung einbringen. Aus Sicht des Plattformproviders ist somit sicherzustellen, dass Kunden ihre Technologien vor dem Hintergrund sich wandelnder Kompatibilitätsanforderungen möglichst einfach einbringen können. Auf operativer Ebene gilt es, die Konsumententechnologie-Konfigurationen zu verstehen und wichtige Entwicklungen zu antizipieren. Dementsprechend können Plattformanbieter durch die Implementierung von Monitoring-Mechanismen wie z. B. Steams Hardware und Software Survey konkrete Erkenntnisse über die eingesetzte Technologie gewinnen und auch in der eigenen Technologieplanung berücksichtigen. Weiterhin sollten Service- bzw. Plattformanbieter Technologiekomponenten, auf die Kunden im Rahmen der Servicenutzung zurückgreifen und welche im Einflussbereich des Anbieters liegen (z. B. Apps, Websites, Client-Software, ROMs oder auch Endgeräte) so gestalten, dass diese möglichst einfach und kostengünstig an sich wandelnde technologische Rahmenbedingungen angepasst werden können, um digitale Interaktionen langfristig zu ermöglichen.

4.3   Gestaltung sozialer Strukturen

Soziale Strukturen beschreiben die handlungsleitenden Werte und Normen einschließlich der akzeptierten und erwarteten Verhaltensmuster und stellen damit den institutionalisierten sozialen Rahmen, in dem sich Akteure bewegen. Bei der Beeinflussung sozialer Strukturen geht es im Kern darum, digitale Interaktionen auf einer Plattform so zu gestalten, dass das Verhalten der involvierten Akteure im Einklang mit dem geltenden gemeinsamen Werte- und Normensystem steht (Lyytinen und Newman 2008). Die Verankerung sozialer Strukturen auf einer Plattform ist zentral für die Digital Customer Experience, da geteilte Werte und

Normen als Voraussetzung für die Entwicklung von Vertrauen und Loyalität gelten. Zentrale Fragestellungen dieser Gestaltungsebene sind:

- *F6: Wie* und mit *welchen* Instrumenten können Werte und Normen auf einer digitalen Plattform verankert werden?
- *F7: Wie* kann ein Anbieter auf emergente Werte und Normen eingehen?

In vielen Situationen in denen Akteure in Wettbewerbs-, Kooperations-, oder anderen Austauschbeziehungen stehen, z. B. auch in Videospielen, sind Normen wie „Gleiche Regeln für alle" oder „Fair Play" das Fundament für erfolgreiche soziale Interaktionen. Die Vernachlässigung dieser sozialen Ebene führt leicht zu Vertrauensverlust und schließlich zur Ablehnung eines Angebots. Dies gilt nicht nur für Interaktionen zwischen Kunden, sondern besonders auch für Interaktionen zwischen Kunden und einem Anbieter.

In der Analyse von Steam sind in diesem Zusammenhang vor allem die Funktionen *Anti-Cheat* und *Family Sharing* relevant. Steam bietet Spieleentwicklern Instrumente an, um Spielbetrug (Cheating) zu verhindern. Digitale spielerische Interaktionen werden zwar durch Technologie ermöglicht, sind jedoch stets auch in sozialen Strukturen verankert. Cheating wird typischerweise nicht in Situationen akzeptiert, in denen Konsumenten mit- bzw. gegeneinander spielen. In den Nutzungsbedingungen der Steam-Plattform etabliert Valve den institutionellen Rahmen für die Plattformnutzung und definiert Cheaten allgemein als „Modifikationen am Spiel, deren Ziel es ist, einem Spieler einen Vorteil zu verschaffen" (Valve 2017). Die konkrete Umsetzung von *Fair Play* erfolgt durch mehrere Maßnahmen. Erstens erfordert das Mitspielen die Akzeptanz der Steam-Nutzungsbedingungen, durch die sich Spieler verpflichten nicht zu Cheaten oder die Anti-Cheat Software zu manipulieren (Valve 2017). Die Nutzungsbedingungen weisen auch auf mögliche Sanktionen hin, die, je nach Einschätzung des Schweregrades durch Valve, von der zeitlichen Sperrung für ein Spiel bis hin zur permanenten Sperrung eines Spieleraccounts auf der Plattform reichen. Zweitens implementiert Valve technische Funktionen, um Cheater zu identifizieren und zu sanktionieren. Hierfür wird zum einen Valves Anti-Cheat-Software auf Spieleservern installiert, zum anderen ist der Anti-Cheat-Client als Komponente der Client-Software auf den PCs der Spieler installiert. Der Anti-Cheat-Client wertet Browsing-Daten und den DNS Cache auf Spieler-PCs aus, um Auffälligkeiten zu identifizieren und im Falle eines Alarms an das Anti-Cheat-Team von Steam zu berichten. Hierzu merkt Valves Gründer und Geschäftsführer Gabe Newell an: „Wir arbeiten wirklich hart daran Euer [Anm.: der Spieler] Vertrauen zu gewinnen und zu behalten" (Forbes 2014). Drittens können Spieler auch sowohl Cheat-Programme als auch vermutete bzw. nachweisliche Cheater an Steams Anti-Cheat-Team melden, welches solchen Fällen nachgeht.

Die Analyse zeigt nicht nur auf, dass die Gestaltung sozialer Strukturen wichtig für Kundenvertrauen in digitalen Interaktionen ist, sondern weist auch auf die Vielseitigkeit der Gestaltungsmöglichkeiten eines Providers hin. Im Fall von Steam werden mehrere Instrumente für die Verankerung geteilter Werte wie Ehrlichkeit und Fairness eingesetzt: Kommunikation und Richtlinien (z. B. Nutzungsbedingungen), technologische Maßnahmen (z. B. Anti-Cheat Software) und schließlich die Community selbst (Selbstkontrolle). Entscheider sollten sich darüber bewusst sein, dass erstens die Verankerung von Werten und Normen großen Einfluss auf die Digital Customer Experience auf einer Plattform haben kann und zweitens sehr unterschiedliche Maßnahmen dazu infrage kommen.

Ein weiteres Beispiel für die Gestaltung sozialer Strukturen ist die Funktion *Family Sharing*. Mit Family Sharing können einzelne Spiele oder die gesamte persönliche Spielesammlung mit Freunden und Familienmitgliedern geteilt werden. Die Begünstigten können damit Spiele des Freundes per Steam-Client auf ihrem eigenen PC nutzen als hätten sie sie selbst gekauft. Wie bei dem physischen Verleih von Spielen können jedoch nicht mehrere Instanzen eines Spieles gleichzeitig genutzt werden. Die Implementierung von Family Sharing ist eine direkte Reaktion auf das geäußerte Kundenbedürfnis Spiele mit Freunden und Familienmitgliedern zu teilen.

Bei der Gestaltung sozialer Strukturen sollten Plattformbetreiber aufmerksam auf Kundenbedürfnisse reagieren, die auf bestehende oder aufkommende sozialen Praktiken zurückzuführen sind. Im Beispiel von Family Sharing standen Valves Mitarbeiter in engem Austausch mit der Spieler-Community und konnten so das Bedürfnis, Spiele mit nahestehenden Personen zu teilen, auf der Plattform verankern.

4.4   Zusammenfassung der Handlungsempfehlungen

In Tab. 4.1 werden die Ergebnisse der Fallstudie sowie die resultierenden Handlungsempfehlungen für Entscheider aus den Abschn. 4.1 bis 4.3 zusammengefasst.

Tab. 4.1 Übersicht der Ergebnisse entlang der Abschnitte

Gestaltungsebenen und Fragestellungen	Handlungsempfehlungen aus der Fallstudie
4.1 Services und Serviceportfolio	**Ziel: Services orientieren sich an Kundenbedürfnissen**
F1: Welche digitalen Produkte und Services sollen auf einer Plattform angeboten werden? F2: Wie sollen digitalen Produkte und Services ausgestaltet werden?	H1: Provider etabliert Mechanismen wie z. B. kollaboratives Filtern und Abstimmungen, um Kunden in die Definition des Serviceportfolios einzubeziehen. H2: Kundenpräferenzen und -bedürfnisse werden durch Analyse- und Feedbackmechanismen erfasst und in Servicedesign und Serviceentwicklung berücksichtigt. H3: Provider stellt Mechanismen bereit, um Zusammenarbeit/Austausch von Entwicklern mit Kunden zu fördern, sodass Produkt- und Serviceentwicklung am Kundenbedürfnis orientiert werden kann. Fallstudienbeispiel: Steam Greenlight
4.2 Technologie	**Ziel: Technologie ist Enabler für digitale Kundeninteraktionen**
F3: Wie kann Transparenz über eingesetzte Konsumententechnologie erhöht werden? F4: Welche Mechanismen sind geeignet, um eine Plattform für eine Vielzahl von Konsumententechnologie-Konfigurationen zu öffnen? F5: Wie kann Kompatibilität und Anpassungsfähigkeit der beteiligten technologischen Komponenten sichergestellt werden?	H4: Provider ergreift Maßnahmen, um bestehende und zukünftige Konsumententechnologien zu erfassen und zu verstehen, z. B. durch das Monitoring von Nutzer-/Kunden-Clients. H5: Provider stellt durch Update-Mechanismen sicher, dass Kunden ihre Technologiekomponenten dauerhaft in Service-Interaktionen einbringen können. H6: Provider gestaltet Technologiekomponenten wie z. B. Client-Software oder Apps so, dass ein großer Anteil relevanter Konsumententechnologie-Konfigurationen kompatibel untereinander bzw. mit der Plattform sind. Fallstudienbeispiel: Automatisierte Patches und Updates, Hardware und Software Survey, Steam Client Software

(Fortsetzung)

Tab. 4.1 (Fortsetzung)

Gestaltungsebenen und Fragestellungen	Handlungsempfehlungen aus der Fallstudie
4.3 Soziale Strukturen	**Ziel: Vertrauen und Loyalität durch gemeinsame Werte und Normen**
F6: Wie und mit welchen Instrumenten können Werte und Normen auf einer digitalen Plattform verankert werden? F7: Wie kann ein Anbieter auf emergente Werte und Normen eingehen?	H7: Provider versteht die Verankerung von Werten und Normen in der Servicestrategie als ein Gestaltungselement der Digital Customer Experience. H8: Provider nutzt verschiedene Instrumente, um Werte und Normen in Serviceinteraktionen zu verankern. Hierzu zählen z. B. Richtlinien, technologisch-analytische Maßnahmen und Kontrollmechanismen durch Kunden. H9: Provider verfolgt im digitalen Austausch mit seinen Kunden aufmerksam bestehende und aufkommende soziale Praktiken und erkennt zugrunde liegende Kundenbedürfnisse, um Services danach zu entwickeln. Fallstudienbeispiel: Anti-Cheat Funktionalität, Family Sharing

Illustration der Handlungsempfehlungen in Automobil-, Unterhaltungs- und Versicherungsbranche

Die Umsetzung der erarbeiteten Handlungsempfehlungen wird nachfolgend anhand von typischen Problemstellungen in drei Branchen beispielhaft diskutiert: Der Automobil-, der Unterhaltungs- und der Versicherungsbranche. Grundsätzlich können die neun Handlungsempfehlungen vollständig in unterschiedliche Anwendungsfelder übertragen werden. Jedes der drei Beispiele zeigt für eine ausgewählte Gestaltungsebene wie auch andere Branchen von den erfolgreichen Praktiken der Videospielindustrie profitieren können. In der Diskussion werden jeweils die relevanten Handlungsempfehlungen mit den in Tab. 4.1 dargestellten Abkürzungen (H1–H9) referenziert.

5.1 Das Auto als digitale Plattform

Digitalisierung ist derzeit das zentrale Thema der Automobilindustrie. Nahezu alle großen Hersteller versuchen ihre Fahrzeuge als digitale Plattform zu etablieren, um Kunden neue digitale Services anzubieten, die über reine Fahrzeugmobilität hinausgehen. Initiativen wie „Audi Connect", „BMW Connected Drive" oder „Mercedes Me" versprechen unter anderem digitale Services zur Fahrzeugsteuerung, Routenführung, Versicherung, für Notfallsituationen oder zur Unterhaltung.

Verglichen mit dem traditionellen Serviceportfolio eines Automobilherstellers wird schnell deutlich, dass die Auswahl und Ausarbeitung der angebotenen Services zu einer wesentlichen Gestaltungsaufgabe wird. Zudem ist es unwahrscheinlich, dass traditionelle Unternehmen wie Audi, BMW oder Mercedes die nötigen Entwicklungs- und Produktionskapazitäten besitzen, um alle Services selbst zu entwickeln bzw. anzubieten. Eine sinnvolle Strategie für sie wird es deshalb sein,

© Springer Fachmedien Wiesbaden GmbH, ein Teil von Springer Nature 2018
B. Spottke, *Digital Customer Experience Management der Plattform Steam,*
essentials, https://doi.org/10.1007/978-3-658-22759-3_5

sich als Plattformanbieter zu etablieren und stark auf die ganzheitliche Gestaltung der Digital Customer Experience zu fokussieren.

Automobilhersteller können auf der *Gestaltungsebene der Services* von der Videospielindustrie lernen. Entsprechend sollten Kunden aktiv in Auswahl und Ausarbeitung der angebotenen Services eingebunden werden. Denkbar wäre es zum Beispiel, Mechanismen zu implementieren, durch die Hersteller und Drittparteien ihre Services vorstellen und Kunden über die Weiterentwicklung mitbestimmen oder sich als Testnutzer anmelden können (vgl. H1, H2). Darüber hinaus ist die Sammlung und Analyse von Service-Nutzungsdaten ratsam, da diese eine wertvolle Informationsquelle über die tatsächliche Nutzung und damit die Relevanz der angebotenen Services darstellt (H3).

5.2 TV Streaming auf Smart TV, mobile Geräte und Spielekonsolen

TV- und Radioinhalte werden zunehmend digital übertragen und Anbieter wie Zattoo, Amazon oder Netflix haben sich darauf spezialisiert, Inhalte ausschließlich über das Internet zu senden. Der Unterschied zu traditionellem Radio und Fernsehen liegt jedoch nicht nur im Übertragungsmedium, sondern auch in der Vielzahl relevanter Konsumententechnologien wie Smart TVs, mobile Geräte und Spielekonsolen. Hinzu kommen neue Services wie digitales Ausleihen von Medieninhalten oder Video on Demand.

Streaming Anbieter sollten die *Gestaltung der Technologieebene* als Voraussetzung für digitale Kundeninteraktionen verstehen und besonders Konsumententechnologien als wichtigen Einflussfaktor der Digital Customer Experience erkennen. Die in der Fallstudie identifizierten Handlungsempfehlungen zeigen auf, wie Provider Konsumentenendgeräte beobachten und beeinflussen können und sind auf den Kontext von TV-Streaming unmittelbar anwendbar. Streaming Anbieter sollten die Architektur ihrer Plattformen, insbesondere Clients und Apps, die auf Konsumentengeräten installiert werden, mit entsprechenden Monitoring-Funktionalitäten ausstatten (H4). So sind Informationen wie z. B. Bildschirmauflösung, tatsächliche Datenübertragungsbandbreite und Latenzzeiten, aber auch Modellinformationen oder Betriebssysteme kritisch für die Übertragung von Medieninhalten. Streaming Dienstleister sind nicht nur wandelnden Kundenanforderungen an Services unterworfen, sondern müssen sich auch auf verändernde technische Anforderungen und Möglichkeiten auf Kundenseite einstellen. Ein Beispiel hierfür ist die Veränderung von Bildschirmauflösungen von HD zu Full HD und derzeit 4K. Serviceanbieter sollten neben der

Erfassung also auch entsprechende Funktionalitäten zur Softwareaktualisierung und auch zur Dokumentation von auftretenden Fehlern implementieren, um z. B. Inkompatibilitäten von Service und eingesetzter Technologie zu identifizieren bzw. zu beheben (H5, H6).

5.3   Die Plattform eines Versicherungsunternehmens für die Vermittlung von Autoreparaturen

Die Kundeninteraktion in der Versicherungsindustrie verschiebt sich von Offline- zu Onlinekanälen. Dementsprechend sind viele Interaktionen mit Versicherungen heute schon vollständig digital möglich. Darüber hinaus besteht ein hoher Druck auf Versicherungen neue Services zu entwickeln, die über das traditionelle Leistungsangebot hinausgehen.

Exemplarisch für diese Entwicklung steht die digitale Plattform einer Versicherung, welche Reparaturen zwischen Autofahrern und Werkstätten vermittelt. Kunden spezifizieren bestimmte Reparatur- oder Wartungsaufgaben und Autowerkstätten können auf dieser Basis ein Angebot für die entsprechende Arbeit erstellen. Kunden können dann eines der Angebote auswählen und die Werkstatt mit der Arbeit beauftragen. Eine wesentliche Herausforderung in dem Kontext ist die Schaffung von Vertrauen in Preisgestaltung und Qualität der zu erbringenden Serviceleistung. Diese sind ex-ante, also vor einer Reparatur, für Kunden kaum oder gar nicht einschätzbar. Dies birgt stets das Risiko für eine negative Kundenerfahrung, z. B. durch höhere als ursprünglich angegebene Kosten, unvorhergesehene Aufwendungen oder schlecht durchgeführte Reparaturen. Eine negative Kundenerfahrung schadet nicht nur dem eigentlichen Serviceerbringer (der Werkstatt), sondern auch der Reputation des Plattformanbieters.

Anbieter solcher digitalen Plattformen können aus dem dargestellten Fallbeispiel aus der Spieleindustrie nützliche Erkenntnisse für die *Gestaltung sozialer Strukturen* gewinnen. Zum einen sollten Anbieter Werte wie Zuverlässigkeit und Transparenz bezogen auf Preis- und Servicequalität als wichtige Gestaltungskomponente in der Servicestrategie definieren (H7). Hierfür bietet sich z. B. ein Bewertungssystem an. Weiterhin sollte der Plattformanbieter mit geeigneten Instrumenten Werte und Normen in den Serviceinteraktionen verankern (H8). Analog zur Anti-Cheat-Funktionalität bei Steam wären mögliche Maßnahmen z. B. die Einführung einer Richtlinie, in der sich Werkstätten beispielsweise dazu verpflichten, Kunden keine unverhältnismäßigen oder marktunüblichen Offerten einzugeben. Eine datenorientierte Maßnahme wäre z. B. die Erfassung von Angebotsdaten, insbesondere Preis und Umfang der angebotenen Reparatur und ex-post die Erfassung und Berechnung der Preistreue der Werkstatt. Schließlich ist auch ein System denkbar, mit dem Kunden gebuchte Werkstätten bewerten oder negative Serviceinteraktionen melden können. Darüber hinaus sollte der Plattformanbieter den Austausch mit seinen Kunden in Chats, Telefonaten oder auch Befragungen suchen und aufmerksam für geäußerte Bedürfnisse oder vertrauensverhindernde Funktionalitäten sein, um entsprechende Instrumente der Wertverankerung zielgerichtet implementieren zu können (H9).

Zusammenfassung und Ausblick 6

In diesem Artikel wurde ein sozio-technischer Rahmen vorgestellt, mit dem Plattformanbieter drei Gestaltungsebenen der Digital Customer Experience analysieren und planen können. Die Spieleplattform Steam wurde mit der Fallstudienmethode untersucht, sodass Handlungsempfehlungen zur Gestaltung der Digital Customer Experience abgeleitet werden konnten. Die Anwendung der Handlungsempfehlungen wurden anschließend im Kontext von Automobilbranche, TV-Streaming Anbietern und anhand einer Plattform für Autoreparaturen beispielhaft diskutiert.

Die Ergebnisse der Arbeit richten sich an verantwortliche Entscheider im IT-Service-Development und IT-Service-Design, IT-Strategen und Business Architekten, die ihre Informationssysteme und digitalen Plattformen in Hinblick auf die Gestaltung der Digital Customer Experience entwickeln und bewerten wollen. Erstens zeigen die erarbeiteten *inhaltlichen Erkenntnisse* erprobte Möglichkeiten auf, die Digital Customer Experience erfolgreich zu gestalten. Sie folgen aus der Fallstudie und stellen eine gute Grundlage für die Übertragung in weitere Unternehmenskontexte dar. Zweitens liefern die vorgestellten Gestaltungsebenen einen *Rahmen zur Strukturierung*. Im Rahmen der Fallstudie hat sich zum Beispiel gezeigt, dass insbesondere die Gestaltung der sozialen Ebene, d. h. „Werte und Normen", häufig vernachlässigt wird und größere Aufmerksamkeit erfordert. Das Modell kann die Analyse und Planung der eigenen Digital Customer Experience unterstützen, da es die Aufmerksamkeit des Entscheiders nicht nur auf service- und technologiebezogene Fragestellungen lenkt, sondern auch die Gestaltung digitaler sozialer Interaktionen hinterfragt.

Was Sie aus diesem *essential* mitnehmen können

- Verständnis der drei sozio-technischen Gestaltungsebenen der Digital Customer Experience auf digitalen Plattformen
- Verständnis der Mechanismen mit denen Technologiegiganten ihre digitalen Plattformen auf Konsumenten, deren Technologie sowie geteilte Werte und Normen abstimmen
- Konkrete Handlungsempfehlungen, die auf Unternehmen in unterschiedlichsten Industrien übertragen werden können

© Springer Fachmedien Wiesbaden GmbH, ein Teil von Springer Nature 2018 23
B. Spottke, *Digital Customer Experience Management der Plattform Steam*,
essentials, https://doi.org/10.1007/978-3-658-22759-3

Literatur

Bostrom RP, Heinen JS (1977) MIS problems and failures: a socio-technical perspective, part I: the causes. MIS Quart 1:17–32

Forbes (2012) The numbers behind steam's success. https://www.forbes.com/sites/insert-coin/2012/02/16/the-numbers-behind-steams-success/#60293ccb470f. Zugegriffen: 3. Apr. 2017

Forbes (2014) Valve's social engineering campaign against cheaters is out of bounds. http://www.forbes.com/sites/michaelthomsen/2014/03/04/valves-social-engineering-campaign-against-cheaters-is-out-of-bounds/#503f2adc5dc1. Zugegriffen: 3. Apr. 2017

Goldbach T, Benlian A (2015) Kontrollmechanismen auf Software-Plattformen. HMD Prax Wirtschaftsinform 52:347–357. https://doi.org/10.1365/s40702-015-0119-3

Lusch RF, Nambisan S (2015) Service innovation: a service-dominant logic perspective. MIS Quart 39:155–175

Lyytinen K, Newman M (2008) Explaining information systems change: a punctuated socio-technical change model. Eur J Inf Syst 17:589–613. https://doi.org/10.1057/ejis.2008.50

Prahalad CK, Ramaswamy V (2004) Co-creation experiences: the next practice in value creation. J Interact Mark 18:5–14. https://doi.org/10.1002/dir.20015

Valve (2016) Steam store. http://store.steampowered.com/. Zugegriffen: 10. Juli 2017

Valve (2017) Steam subscriber agreement. http://store.steampowered.com/subscriber_agreement/. Zugegriffen: 10. Juli 2017

Verhoef PC, Lemon KN, Parasuraman A, Roggeveen A, Tsiros M, Schlesinger LA (2009) Customer experience creation: determinants, dynamics and management strategies. J Retail 85:31–41. https://doi.org/10.1016/j.jretai.2008.11.001

Wired (2010a) Valve brings hit games, steam service to Mac. https://www.wired.com/2010/03/steam-mac/. Zugegriffen: 8. Mai 2017

Wired (2010b) Valve says downloads picked up steam in 2009. https://www.wired.com/2010/01/steam-growth/. Zugegriffen: 8. Mai 2017

Yin RK (2013) Case study research; design and methods. Sage, Thousand Oaks

© Springer Fachmedien Wiesbaden GmbH, ein Teil von Springer Nature 2018   25

B. Spottke, *Digital Customer Experience Management der Plattform Steam*, essentials, https://doi.org/10.1007/978-3-658-22759-3